PLUTÓN
El planeta enano helado

por Chaya Glaser

Consultora: Dra. Karly M. Pitman
Instituto de Ciencia Planetaria
Tucson, Arizona

BEARPORT
PUBLISHING

New York, New York

Créditos
Cubierta, © NASA/APL; TOC, © Friedrich Saurer/Science Source; 4–5, © Detlev van
Ravenswaay/Science Source; 6–7, © Wikipedia & NASA; 8–9, © NASA; 8, © Friedrich
Saurer/Science Source; 10, © NASA/SDO (AIA); 11, © Friedrich Saurer/Science Source;
12, © NASA; 13, © Lee Prince/Shutterstock; 14–15, © ESO/L. Calcada; 16–17, © Walter
Myers/Science Source; 18–19, © Chris Butler/Science Source; 20–21, © Johns Hopkins
University Applied Physics Laboratory/Southwest Research Institute; 23TL, © Chris Butler/
Science Photo Library; 23TR, © Wikipedia & NASA; 23BL, © Wikipedia & NASA;
23BR, © Johns Hopkins University Applied Physics Laboratory/Southwest Research
Institute.

Editor: Kenn Goin
Editora principal: Jessica Rudolph
Director creativo: Spencer Brinker
Diseñadora: Debrah Kaiser
Editora de fotografía: Michael Win
Editora de español: Queta Fernandez

Library of Congress Cataloging-in-Publication Data

Glaser, Chaya, author.
  [Pluto. Spanish]
  Plutón : el planeta enano helado / por Chaya Glaser ; consultora: Dra. Karly M. Pitman, Instituto
de Ciencia Planetaria, Tucson, Arizona.
      pages cm. — (Fuera de este mundo)
  Includes bibliographical references and index.
  ISBN 978-1-62724-595-1 (library binding) — ISBN 1-62724-595-2 (library binding)
  1. Pluto (Dwarf planet)—Juvenile literature. I. Title.
  QB701.G5318 2014
  523.49'22—dc23
                                    2014044223

Para más información, escriba a Bearport Publishing Company, Inc., 45 West 21st Street, Suite 3B,
New York, New York 10010. Impreso en los Estados Unidos de América.

10 9 8 7 6 5 4 3 2 1

CONTENIDO

¿Cuál es el planeta enano
más famoso?

Plutón es parte del sistema solar de la Tierra.

JÚPITER

MARTE

VENUS

TIERRA

MERCURIO

SOL

SATURNO

NEPTUNO

URANO

PLUTÓN

Orbita o se mueve
alrededor del Sol.

Hace años, a Plutón se le consideraba un planeta como a la Tierra y a Saturno.

PLUTÓN

SATURNO

TIERRA

9

Ahora los científicos lo llaman un planeta enano.

¿POR QUÉ?

PLUTÓN

Es muy pequeño.

Plutón es mucho más pequeño que la Tierra.

Es incluso más pequeño que Mercurio, el planeta más pequeño.

PLUTÓN

MERCURIO

De hecho, 166 Plutones cabrían en la Tierra.

Plutón está muy lejos del Sol.

Le llegan poca luz y poco calor.

El planeta enano es frío y oscuro.

PLUTÓN

Está cubierto de roca
y hielo.

SOL

Hay muchos otros planetas enanos.

PLUTÓN

HAUMEA

ERiS

Algunos se encuentran cerca de Plutón.

Cinco lunas orbitan alrededor de Plutón.

Los científicos creen que hay más lunas por descubrir.

Caronte, la luna más grande de Plutón

En 2006, una **nave espacial** salió de la Tierra hacia a Plutón.

Le tomará muchos años llegar.

¡La nave espacial podría descubrir muchos planetas enanos cerca de Plutón!

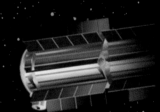

PLUTÓN

Una nave
espacial

PLUTÓN VERSUS LA TIERRA

PLUTÓN		LA TIERRA
Más allá de Neptuno, que es el octavo planeta a partir del Sol	**POSICIÓN**	Tercer planeta a partir del Sol
1,471 millas (2,367 km) de ancho	**TAMAÑO**	7,918 millas (12,743 km) de ancho
Cerca de –378°F (–228°C)	**TEMPERATURA PROMEDIO**	59°F (15°C)
Cinco	**NÚMERO DE LUNAS**	Una
Hielo y rocas	**SUPERFICIE**	Casi cubierta por océanos, alguna tierra

GLOSARIO

nave espacial
un vehículo que puede
viajar en el espacio

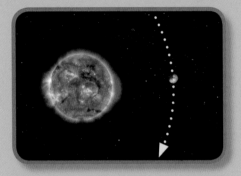

orbita   viaja alrededor
de una planeta, el Sol o
cualquier otro objeto

planeta enano   un objeto
en el espacio que orbita
alrededor del Sol y es más
pequeño que un planeta

sistema solar   el Sol
y todo lo que da vueltas
alrededor de él, incluyendo
los ocho planetas

ÍNDICE

LEE MÁS

Landau, Elaine. *Pluto: From Planet to Dwarf (True Book).* New York: Children's Press (2008).

Lawrence, Ellen. *Pluto and the Dwarf Planets (Zoom Into Space).* New York: Ruby Tuesday Books (2014).

APRENDE MÁS EN LÍNEA

Para aprender más sobre Plutón, visita
www.bearportpublishing.com/OutOfThisWorld

ACERCA DE LA AUTORA

A Chaya Glaser le encanta mirar las estrellas y leer historias sobre las constelaciones. Cuando no está admirando el cielo nocturno, la podemos encontrar tocando instrumentos musicales.